Descubre los secretos de la gente millonaria

Maneja tu mente y utiliza
estrategias claves

Gamaliel Prince

Primera edición

Año 2020

Prohibida la reproducción parcial o total de este libro, por cualquier medio o método, sin previa autorización del autor.

Gamaliel Prince es Administrador de Negocios Internacionales con una necesidad nata de emprender, quien ha incursionado en negocios como laboratorio de análisis químico, turismo, importaciones, intraday, entre otros. Además, ha publicado libros como *"El éxito te pertenece: Aprende cómo conseguir todo lo que quieres"* y *"Aprende cómo vencer tus miedos de forma eficaz"*

Desde los inicios de su alma emprendedora, ha buscado la manera de entender la forma en la que piensan y actúan las personas exitosas, encontrando en este comportamiento una filosofía de vida.

ÍNDICE

BREVE INTRODUCCIÓN 7

CAPÍTULO 1: DEFINIENDO NUESTRO DESTINO 9

CAPÍTULO 2: SUPERA PROBLEMAS 30

CAPITULO 3: CÓMO SER EXITOSO 40

CAPÍTULO 4: EL DINERO 61

CAPÍTULO 5: RAZONES QUE IMPIDEN EL ÉXITO 77

CAPÍTULO 6: ESTRATEGIAS CLAVES PARA SER MILLONARIO 90

Breve introducción

A la hora de cerrar los ojos e imaginar qué clase de vida deseamos para nosotros, comienzan a conceptualizarse viajes, autos deportivos, restaurantes con comida deliciosa, joyas y muchos otros lujos que solamente pueden ser adquiridos con dinero.

Es verdad que la felicidad no puede ser comprada únicamente con este gran papel valuado, esto si lo vemos desde el punto de vista de una salud inquebrantable, que pueda hacer que nuestros seres queridos jamás sufran de alguna enfermedad, tampoco puede comprar el amor puro y real de un hijo o una pareja, eso es totalmente cierto; aunque, tampoco podemos mentirnos, el dinero también nos facilita muchas de las cosas que pueden hacernos enormemente felices. Si nos enfermamos podemos asistir al mejor médico de la ciudad o el mundo, de igual manera, podemos darles la mejor educación a nuestros hijos, consentirnos con un viaje inolvidable a una isla paradisiaca, adquirir el auto que soñamos, realizar reuniones sociales inolvidables, viajar al extranjero solo para escuchar a nuestra banda favorita, entre muchas otras cosas. La vida es solo una, cada minuto que vivimos jamás se repetirá, y si bien el dinero no podrás llevártelo contigo una vez partas de este mundo, sí podrás irte en paz sabiendo que disfrutaste de la vida sin limitaciones.

Lo escrito líneas arriba es la descripción real de la importancia del dinero en nuestras vidas, ahora el tema es responder la pregunta:

¿Por qué no todas las personas alcanzan ganar el dinero suficiente para hacer todo lo que desean?

La respuesta a esta pregunta es muy sencilla, no todas las personas tienen una mentalidad lo suficientemente sólida, ni el conocimiento de cómo llegar a conseguirlo. Con esto no quiero decir que cualquiera puede llegar a lograrlo, sino más bien, que solo aquel que trabaje en superar sus limitaciones mentales, será el que llegue a conseguir lo que tanto anhela.

Para cerrar la idea, pondré como ejemplo a Steven Jobs, aquel hombre soñador que en base a hacer sus ideas realidad, consiguió formar una de las empresas más sólidas y rentables del mundo. Él también comenzó desde cero en el garaje de su hogar, y si él pudo, tú también puedes.

Este libro está escrito para todas aquellas personas que quieren dejar de solamente visualizar sus sueños y buscan plasmarlos en la realidad.

CAPÍTULO 1: DEFINIENDO NUESTRO DESTINO

El poder de la mente

Todo lo que tu creas imposible lo será, y lo que creas posible de igual manera. Para explicar de mejor forma esto que acabo de mencionar, nos remontaremos al año 1903, aquel año por fin ocurrió lo que muchos tildaban de imposible: por primera vez un hombre logró elevarse por los cielos y volar en una aeronave. Esto ha sido trascendental para el desarrollo humano, facilitando los viajes alrededor del mundo en un medio seguro y rápido. Si aquellas personas no hubieran tenido la capacidad mental para trazarse una meta y alcanzarla, entonces el mundo como lo conocemos no existiría.

Nuestro mundo está lleno de inventos que en algún momento la mayoría de las personas tildaban de imposibles, y hoy en día son tan comunes y rutinarios verlos o utilizarlos, que ni nos ponemos a pensar en cómo se originaron.

No hace mucho tiempo, y puede ser constatado incluso por personas nacidas en los 80s y parte de los 90s (o antes), el poder comunicarse con personas que se encontraban en otros países era sumamente difícil y costoso. Hoy en día mediante un teléfono móvil podemos hacer más de lo que las primeras computadoras podían, aquellas computadoras no tenían las dimensiones de las actuales, ellas abarcaban espacios tan grandes como el de una habitación promedio.

Espero que en los dos párrafos anteriores hayas entendido el potencial que tenemos en nosotros, debemos confiar y perseverar, aunque el camino este lleno de dificultades.

El camino no necesariamente será fácil, es más, pueda que sea más difícil y duro si buscas destacar entre los demás para lograr cosas que ellos no imaginan.

¿Cómo mentalizarnos?

Lo primero que debes tener en claro es saber cuál es el tu objetivo. Definirlo te ayudará a crear diferentes escenarios para construir el camino que te permitirá alcanzarlo.

Para definir un objetivo de manera correcta, este tendrá que responder a las siguientes preguntas:

- ¿Qué es lo que quiero lograr?
- ¿Qué beneficios obtendré?
- ¿Cuándo sabré que lo alcancé?

Esas preguntas te dirán rápidamente lo que quieres, las razones y el momento en que sabrás que lo alcanzaste. Es fundamental tener claros tus objetivos, porque tu mente necesita saber de los beneficios que gozará una vez se concreten. Además, recuerda que, en el trayecto al cumplimiento de tus objetivos, aparecerán múltiples situaciones que te pondrán contra la pared, queriendo dejes atrás tu sueño. Es en esos momentos donde tener claros los beneficios, te dará el empujón para ir superando las dificultades, ya que, no es lo mismo saber lo que obtendrás por el esfuerzo que estas impartiendo, a simplemente ir por el mundo desorientado al no tener claras las cosas.

Recomiendo que cada día te des un momento para relajarte, en un espacio y tiempo únicamente tuyo. Para hacerlo tendrás que cerrar los ojos y visualizar la persona que eres en la actualidad y la que quieres lograr ser.

La diferencia entre los triunfadores y fracasados

Existen diversas clases de personas, en este libro de acuerdo a la forma en que actúan, los definiremos como triunfadores o fracasados.

Los fracasados

Las personas fracasadas son aquellas a las que el mundo se les cae a pedazos a la primera dificultad que aparezca. No importa cuánto hayan avanzado, ni cuánto tiempo han invertido en el proyecto que estaban desarrollando. Solo les basta con ver obstáculos en el camino a sus objetivos, para pensar que es imposible, y si es imposible no vale la pena.

Suelen ser personas temerosas, no tienen fuerza de voluntad, viven a expensas de encontrar algo seguro que pueda mantenerlas; pueden ajustar sus expectativas siempre y cuando esto les brinde el sustento mínimo para poder subsistir, por tal se vuelven conformistas.

Su mayor dificultad es el no poder salir de su zona de confort para explorar nuevas alternativas de ingresos.

Cuando un fracasado intenta salir de su zona de

confort, este a la primera dificultad regresa para protegerse, siendo una forma frecuente de actuar cada vez que lo intenta, aunque con el tiempo simplemente ya ni lo intenta, se queda atrapado de por vida en esa limitación mental.

Los triunfadores

Son personas que les gusta explorar el mundo, están conscientes de lo duro que es salir de su zona de confort. Sin embargo, saben que, para destacar y conseguir sus objetivos, deben superar los obstáculos y las caídas que tengan en el proceso, por ello toman cada aprendizaje como un tesoro, para no volver a cometer los mismos errores.

Una persona triunfadora tiene claro qué quiere lograr y el por qué quiere conseguirlo, no se intimada ante lo que aparezca. Son curiosos, expresivos y trabajadores. Cuando un camino se les complica, buscan otra alternativa para seguir avanzando.

El principal motivo que diferencia a un triunfador de un fracasado, es el hecho que mientras el fracasado se resigna a serlo cuando comete un error o tropiezo, el triunfador persevera buscando encontrar su objetivo, se vuelve más juicioso a la hora de actuar, logra conseguir la experiencia necesaria para volverse un experto en lo que hace, creando así el perfil de un ganador.

Para ser un triunfador hay que mantenerse motivado, esto se logra mentalizando los beneficios que identificamos al definir nuestros objetivos.

Causalidad o casualidad

Todos los resultados tienen origen en algo que los causa, esto es un proceso natural. Cada toma de decisiones tiene una consecuencia lógica.

Cuando nos encontramos en un problema, debemos centrarnos en desglosar todas nuestras acciones para así detectar el punto exacto donde se origina, y qué es lo que lo genera. En el mundo de la administración, realizar este proceso y plasmarlo, tiene como nombre *"diagrama de causa o efecto"* o también *"diagrama Ishikawa"*.

Al buscar solucionar un problema, no debemos únicamente actuar sobre las consecuencias, ya que el solo verlas nos ayudará a solucionarlas momentáneamente. Siempre debemos buscar la raíz, porque solucionando el problema desde allí, se evitará que vuelva a presentarse.

Un ejemplo fácil de entender, es pensar en una persona que tiene fiebre constantemente: esta toma paracetamol, el cual le permite regular su temperatura, pero, al concluir su efecto vuelve a tener fiebre, hasta este punto solo se están tratando los efectos más no la causa. Ahora imagina que esta persona se va a atender al hospital, el médico la revisa, hace los análisis necesarios y determina que tiene infección a las vías urinarias, dándole a partir de allí medicinas que ataquen el problema de raíz; una vez esta persona termina su tratamiento y deja de tomar pastillas, no volverá a tener fiebre, porque el problema se solucionó desde donde se originaba.

A partir de las explicaciones dadas, puedes inferir que nosotros podemos conseguir resultados favorables a partir de buenas decisiones (causalidad), pero nunca estaremos libres de acontecimiento desfavorables que puedan ocurrir (casualidad).

La gente que no logró llegar lejos con su emprendimiento suele decir que tiene mala suerte para los negocios, porque cada vez que emprende uno, un factor externo la perjudica. Como ejemplo pondré el hecho que el banco no le diera el crédito que necesitaba para aumentar la producción. Si buscas un culpable externo siempre encontrarás la forma de crearlo, para así no destruir tu ego. Aquí no estamos para encontrar culpables, sino más bien para encontrar razones y soluciones.

Partiendo del emprendedor que no logró hacer crecer su negocio porque el banco no le otorgaba el crédito que necesitaba, antes de pensar que el banco es una entidad clasista que no brinda oportunidades a los pequeños emprendedores, la pregunta sería: ¿Hizo acciones que pudieran insertarlo como sujeto a préstamos?

Los bancos nunca te van a prestar dinero si no ven que tienes las facilidades de pagarlo y/o un historial crediticio que lo respalde. Los emprendedores que desconocen el mundo de la banca, no consideran la idea del préstamo hasta que se ven obligados a ello.

Cuando uno quiere hacer las cosas bien, debe de planificar a detalle la estrategia a utilizar, quizás uno de los problemas pudo ser el no tener el tiempo mínimo operando para acceder al crédito, el no bancarizar sus movimientos (negocio informal) o no tener un aval.

Desde la creación del negocio, o desde antes (como persona natural), pudo prever que en algún momento necesitaría dinero. Para ello, se recomienda comenzar con créditos pequeños que el banco pudiera darle, y de no ser sujeto a crédito, también pudo ingresar un dinero como garantía (no importa el monto). Esto funciona así, tú ingresas 1000 dólares al banco, indicas que este dinero sea considerado como garantía, y a su vez pides un préstamo de 500 dólares, el banco te prestará con los intereses respectivos, en ese momento obviamente tu no requieres ese préstamo, pero lo haces por ir haciendo un historial crediticio, que te pueda ayudar en el futuro a ser sujeto a créditos de montos mucho mayores. Aquí la pregunta final sería:

¿El emprendedor hizo las acciones necesarias para como consecuencia ser sujeto a crédito por parte de los bancos?

No lo hizo.

No dejes las cosas en las cuales puedes intervenir directamente al azar del destino, sino forja oportunidades sobre ellas.

¿Quejarse de nuestra suerte o actuar?

El ego de la gente, el cual alimenta nuestras acusaciones de mala suerte a nuestro destino, suele buscar justificaciones ante sus fracasos, a nadie le gusta decir que son fracasados porque se sienten y actúan como tal. Es justamente en esta pregunta donde te diré claramente las dos siguientes premisas:

- Para ser rico no necesariamente debiste nacer como tal, porque al final tú puedes cambiar esa situación.
- Para ser pobre no necesariamente debiste nacer así, porque al final tu actitud puede llevarte a serlo, así tengas dinero actualmente.

Una persona rica de nacimiento puede volverse pobre fácilmente, si uno se pone a revisar o pensar en gente famosa o cercana que lo perdió todo, se dará cuenta que es más común de lo que uno puede imaginar. De la misma forma existen casos de personas que no tenían nada, y ahora tienen todo lo que uno puede soñar. Esto tiene que darte una reflexión.

Tu mente es el activo más grande que posees, su poder es invalorable.

Acabamos de llegar a una premisa sumamente cierta, no importa tu origen socioeconómico, ni de donde provengas, lo único que te garantiza ser exitoso, es el tener una mentalidad ganadora, y una persona con esta mentalidad se caracteriza por lo siguiente:

- Autoestima: Es algo con lo que debemos de contar sí o sí, una persona sin autoestima está destinada al fracaso. El éxito personal comienza por el amor propio, por ello valora las capacidades que tienes, valórate como persona, eres capaz de todo siempre y cuando creas en ti.

  ¿Cómo obtener autoestima?

  Una manera fácil de generar autoestima, consiste en detectar cuáles son nuestras fortalezas. Debemos trabajar sobre ellas para obtener resultados favorables, estos resultados a su vez nos darán la satisfacción que necesitamos para ir creando autoestima en nuestro subconsciente.

- Objetivos concretos: Si buscas tener una mentalidad ganadora, debes tener muy claro qué es lo que deseas conseguir, esto te permitirá recabar todas las herramientas que consideres necesarias para hacer viable el proyecto.

- Mentalidad positiva: Para alcanzar el éxito se tiene que andar por un camino largo, doloroso y muchas veces cruel, solo una mentalidad positiva te ayudará a afrontar todos los obstáculos sin que desistas. El ser positivo te permite encontrar los beneficios de las caídas, esto significa que te facilita aprender sin que tu ego intervenga (el ego evita que aceptemos nuestros errores, haciendo que no aprendamos de ellos).

  Para trabajar en una mentalidad positiva, tienes que poseer una perspectiva más amplia de las cosas que ocurren. Tal como dice el dicho: *"nunca mires el cubo de un solo lado"*, existen múltiples formas de sacar beneficios hasta a las situaciones más difíciles.

- Autodisciplina: Debemos focalizarnos en cumplir con todos los objetivos que nos trazamos, esto significa que no podemos dejar de hacer una actividad, por ello tenemos que establecernos días y horarios en los cuales actuaremos persistentemente a favor del objetivo, cumpliendo a cabalidad, a esto se le llama tener compromiso real y consistente con lo que hacemos.

- Automotivación: Si habláramos de autos, este sería el nitro que nos permitirá ganar todas las carreras. La motivación es el combustible principal de toda persona exitosa.

Si no existe motivación entonces no existe una razón, por ello que es de importancia vital tener en claro los beneficios que obtendremos, para lo cual recomendaría tenerlos apuntados en un papel para recordarlos cada vez que sea necesario.

En definitiva, para ser una persona exitosa hay que actuar y no dejarlo a la suerte.

Procrastinar o actuar de inmediato

La vida estará llena de oportunidades para lograr nuestros objetivos, el tema aquí es quién toma esas oportunidades primero. Aquel que actúe primero quizás sea quien obtenga mayor cantidad de caídas y desaciertos, pero a su vez llegará primero a la meta.

Para quienes no utilizan el término procrastinar, este se refiere a postergar las cosas para otro momento.

Si tomamos como tal el término mencionado, podríamos inferir que procrastinar es malo, y aquellos que lo hacen son necesariamente fracasados. Es normal pensar eso, pero el procrastinar también puede ser beneficioso según la forma en que se tome.

Se suele pensar que las personas triunfadoras son aquellas que actúan de inmediato, y es verdad en gran parte, porque cuando ven oportunidades las toman y se aferran a ellas. Pero desgraciadamente el tiempo no es infinito, y esto obliga a los triunfadores a tener que organizarse en base a prioridades.

¿Cómo priorizar una actividad sobre otra?

- Tener claro cuáles son los objetivos más inmediatos por desarrollar.

- Clasificarlos como muy importante, importante o poco importante.

- Asignar un valor de importancia a cada uno, de acuerdo a la inmediatez con que se necesita, y el aporte a los objetivos que tenemos.

- Determinar los tiempos que se asignarán a cada actividad, de acuerdo a la importancia asignada.

- Eliminar las actividades que tienen poca importancia, y a su vez serán difíciles de realizar a tiempo.

Dependiendo de la actividad que se tenga por desarrollar es que se actuará de inmediato o se procrastinará, eso sí, estamos hablando de procrastinar por un tema de prioridades, y no por un tema de simplemente miedo, flojera o falta de motivación.

Las personas fracasadas constantemente procrastinan todas las actividades que sean parte de sus objetivos, así cuenten con todo el tiempo del mundo para poder hacerlo.

Las desventajas que encontramos en las personas que procrastinan por tema de falta de motivación son las siguientes:

- Se vuelve parte de la actitud ante cualquier actividad por realizar.

- Al realizarse las cosas a último momento, pueden provocar equivocaciones que no pueden remediarse por la falta de tiempo.

- Afectará a las personas que están involucradas directa o indirectamente.

- Será juzgado por su actitud, quitándole oportunidades por parte de los demás.

- Transmitirán falta de seriedad.

- Se arrepentirán, aunque seguirán haciéndolo.

Tipos de compromiso personal

El tipo de compromiso que tengas para la ejecución o cumplimiento de cualquier actividad será el determinante a la hora de evaluar si realmente el proyecto es viable o no.

A raíz de esta importancia, es lo idóneo determinar cuáles son los tipos de compromiso personal que existen, y estos siempre estarán relacionados con una perspectiva diferente, las cuales son:

- **Compromiso por obligación:** Este compromiso se da cuando una persona se siente comprometida a tener que cumplir un objetivo, porque siente que el incumplimiento puede afectar su imagen, honra, prestigio, desarrollo, ingreso económico, entre muchas otras razones.

    Este compromiso más que estar enfocado en un *"deseo hacerlo porque me beneficia"*, está relacionado al *"tengo que hacerlo porque es la única opción"*.

- **Compromiso por aspiración:** Aquí está proyectado en cumplir los objetivos por un deseo de superación personal, esto significa que el compromiso estará latente siempre y cuando exista un beneficio que nos permita seguir escalando dentro de nuestras aspiraciones para conseguir el éxito.

- **Compromiso por necesidad de experimentar:** Cuando nos encontramos en situaciones adversas buscaremos encontrar diversas soluciones a nuestros problemas, para ello necesitamos saber qué pasará si realizamos una actividad de una manera; esto a su vez requiere de un compromiso, pues sin saber si necesariamente el método realizado será el que dará con la solución que necesitamos, estamos dispuestos a llegar hasta el final para averiguarlo.

- **Compromiso por convicción:** Aquí no interviene el miedo, ni la necesidad de encontrar una respuesta, sino más bien se tiene el convencimiento que comprometerse, es lo que se necesita siempre para poder conseguir los resultados que uno desee, sin importar la dificultad o situaciones que aparezcan a lo largo de las actividades necesarias, para la consecución del objetivo.

Personalmente no veo mal ninguno de los

tipos de compromiso, porque todos de una u otra forma nos mantienen con los ojos sobre nuestros objetivos, impulsándonos a luchar hasta el final.

Estos junto a nuestra automotivación, serán nuestra espada y escudo contra el fracaso.

CAPÍTULO 2: SUPERA PROBLEMAS

¿Cómo vencer el miedo?

Es lo más normal que las personas tengan miedo cuando afrontan situaciones nuevas que generen experiencias aún desconocidas. El ser humano teme a lo que no conoce, existen múltiples libros que desarrollan esta temática y se extienden a lo largo de muchas páginas. Es importante leer ese tipo de libros para entender los motivos que generan esos miedos, es más, si gustas profundizar en este tema, te invito a leer mi libro titulado "**Aprende cómo vencer tus miedos de forma eficaz**".

La diferencia de una persona triunfadora con una fracasada, es la forma en que se afrontan esos miedos. Mientras la fracasada teme a lo desconocido e inmediatamente busca refugio dentro de su zona de confort; la triunfadora domina sus miedos, los lleva junto a él para estar alerta, busca a su vez alternativas de contingencia, lo que jamás hace es intimidarse, más bien, su deseo de conseguir el éxito y destacar sobre los demás lo incentiva a la curiosidad, sabe que a más explore el mundo en que vive, aparecerán mejores oportunidades.

Para vencer el miedo primero debemos preguntarnos lo siguiente:

1. ¿Corre peligro tu vida?

2. ¿Corre peligro tu futuro?

3. ¿Qué es lo peor que puede ocurrir?

4. ¿Cuáles son los beneficios que obtendrás?

5. ¿Por qué piensas que no debes hacerlo? (el origen del miedo)

6. ¿La razón que te motiva a no hacerlo es subsanable?

Estas preguntas tienes que analizarlas con detenimiento, y responder de la manera más objetiva posible.

Tu mente antes de dejarse influenciar por el miedo, tiene que tener una visión estratégica, no puedes dejar de realizar algo por el simple miedo. Los seres humanos estamos expuestos constantemente a tomar decisiones que nos lleven a andar fuera de nuestra zona de confort, por ello es bueno que hagas prevalecer tu lado racional sobre el emocional.

En este libro nos enfocamos más que nada en cómo tus miedos pueden evitar consigas la fortuna que anhelas, por ello pondré un ejemplo relacionado a este ámbito de emprendimiento.

Digamos que un operario ha trabajado toda su vida en una empresa, conoce de pies a cabeza todo el sistema operativo, desde los proveedores, procesos, distribuidores y clientes. Su miedo puede nacer a partir de que tiene un ingreso fijo y seguro, por lo que abandonar su trabajo podría significar perderlo todo, pues teme que el negocio no funcione y quedarse en la calle, razón por la cual deja de soñar en el negocio propio, y se vuelve a centrar en su trabajo para mantenerlo hasta que se jubile.

Cuando suceden este tipo de oportunidades y miedos, primero tienes que haber tenido estudiado qué tan viable es ejecutarlo, luego de ello considerar que a mayor riesgo mayor ganancia, y a menor riesgo menor ganancia. Sabemos que su miedo está basado en el gran riesgo que implica para él, el dejar de percibir ingresos fijos, es así que tenemos que resaltar las otras alternativas que existen, y que muchas personas exitosas aplican.

Esto consiste en que, si tienes el conocimiento y temes dejar tu trabajo, puedes contratar a alguien para que haga el trabajo durante el tiempo que estás ocupado, y supervisarlo en tus tiempos libres. De no contar con dinero para contratar a alguien, podrías buscar un socio al cual ofrecer un porcentaje sobre tu proyecto, este porcentaje tendrá que ir de acuerdo con el aporte que este haga para el funcionamiento del mismo. La idea es no permitir que el miedo evite que actúes. Sino más bien actuar, siempre con una mirada más amplia y objetiva de la situación.

Antes de buscar limitantes, debes buscar soluciones. La mente del ser humano es sorprendente, todo problema tiene solución, una vida sin problemas y obstáculos no sería vida.

Pensar en los beneficios es importante, debido a que, para vencer tus miedos, tienes que tener una motivación que te permita enfrentarlos hasta en los momentos más difíciles. Asimismo, tendrás que creer en ti, esto significa que debes comenzar por tu amor propio, si tú crees y confías en ti, esto te permitirá asumir las cosas con mayor calma.

Una forma de mejorar tu amor propio y la autoconfianza, es primero detectar las cosas en las que eres bueno. Una vez las tengas identificadas, comenzar a practicarlas cada vez que puedas, de esta manera cuando las ejecutes, tendrás que felicitarte por hacerlo bien, y mirar con los ojos bien abiertos para no perder ningún detalle de las cosas que puedes lograr. Este tipo de actividad te ayudará a sentirte seguro en las cosas que realizas, sabrás que tus capacidades son un arma que te acompaña.

La principal limitación a la hora de generar dinero

Nadie ha dicho que la vida sea fácil, pero esto no significa que siempre tenga que ser dura y difícil, para ello tenemos que comenzar con un cambio en nosotros, si estás leyendo este libro, es porque te encuentras en la búsqueda de encontrar la forma de poder comenzar un cambio de vida, que implique contar con el dinero suficiente para darte los gustos en los estilos de vida que quieres. Créeme, si consigues ese cambio de mentalidad, tu crecimiento será exponencial y tus metas irán creciendo más y más cada día. Esto no significa que solo seas ambicioso, sino que conocerás tus potenciales y capacidades, al conocerlas ya no te sentirás limitado, y todo lo que hagas siempre será a lo grande.

En el camino a esta búsqueda, la principal limitación que puede aparecer es la mental, la cual te puede auto sabotear e interferir en tus propósitos, siempre serás tú la única persona que puede hacerte triunfar o fracasar.

Hemos ido hablando a lo largo del libro, que todo lo que necesitas para cambiar tu situación económica es cambiar de mentalidad. Este proceso de cambio de mentalidad a muchos no se les hará necesariamente fácil, porque aún la mente mantiene toda la información adquirida a lo largo de la vida; tienes que enfocarte en modificar esa información, en conseguir que deje de ser parte de tu subconsciente. Tú eres lo que desees ser, no lo que tus vivencias del pasado dicen que eres, y con esto que acabo de decirte debes buscar la solución en ti.

Tu cerebro, al igual que una hoja, puede ser escrito con información que quedará marcada, lo que tienes que hacer para poder asumir el protagonismo de tu vida es corregir los pasajes que están escritos erróneamente, para ello, debes viajar en tus recuerdos y decirte a ti mismo, que, si bien pudiste pasar por muchas penurias, estas fueron porque la programación mental de tus padres no estaba preparada para dar un vuelco de 360 grados. En aquellos tiempos tú simplemente fuiste una víctima, aún eras pequeño y no tenías el control, pero hoy día las cosas han cambiado, ahora tienes el control de tu destino, tienes el timón de tu barco.

Si eres una persona que lo ha tenido todo desde pequeño, y estas leyendo este libro para buscar crecer y mejorar lo que tus padres un día hicieron por ti, te felicito, porque el principal problema para estas personas es el conformismo, ya que, piensan que heredarán todo de sus padres.

Identifica los factores internos que impiden tu crecimiento

Una vez estés comprometido con tu crecimiento personal, es momento de comenzar a desmenuzar cuáles son tus debilidades. Dentro de ellas verás todo aquello que se encuentra en ti, y que impide que puedas avanzar en la consecución de tus objetivos.

Para identificar los factores que alimentan tus debilidades, tienes que buscar la causa raíz en tu interior, solo así tendrás la oportunidad para realizar una mejora continua.

Entre las debilidades que poseemos, podemos encontrar a la procrastinación (dejar las cosas para después), si la vemos desde su forma negativa, es causada por dos grandes razones:
1) Costumbre: Has adquirido ese mal hábito durante años, y solo actúas bajo ese ambiente.
2) Miedo: Tienes miedo de realizar una actividad, esperando la última hora que tienes para hacerlo y así desmotivarte, teniendo una justificación por la cual no la realizaste o conseguiste.

Otra debilidad común es el perfeccionismo, aunque claro, esta tiene también las dos caras de la monera, en este momento nos enfocaremos a la parte negativa, la cual implica el necesitar tener todo a lujo de detalles para actuar, es cierto que para que uno pueda actuar, la situación más óptima es tener todo totalmente detallado, pero no nos mintamos, a veces las decisiones ameritan una toma de decisión inmediata o rápida, esto no significa que te abalances sobre cualquier propuesta tentadora que encuentres en tu trayecto, más bien, que no te limites a tener todo al 100% controlado. En primer lugar, tenerlo así es muy complicado, pues cualquier actividad de emprendimiento tiene a mayor riesgo mayor ganancia, y segundo, porque a más tiempo demores, la oportunidad estará lejana u otros ya te habrán sacado ventaja. Aquí debes meditar, evaluar y actuar.

El egoísmo es una debilidad crítica, sobre todo a la hora del crecimiento exponencial de tus ideas, impide puedas delegar actividades para que otros las desarrollen por ti, generando dos cosas negativas, que son, dar todo tu tiempo para poder llevar personalmente cualquier actividad, y el no poder realizar más actividades de las que humanamente puedes hacer en un día.

Por último, mencionaré la debilidad generada por nuestra impaciencia, los resultados que buscamos siempre serán resultado de un proceso, no podemos desesperarnos en obtenerlos antes que estos cumplan su ciclo natural. Es común ver personas que, al corto tiempo de empezar un proyecto, están buscando obtener resultados, estos pueden ser causados por la falta de dinero para asumir sus gastos, o la presión social por demostrar que lo que hace tiene resultados positivos, al querer forzar el resultado, puede quebrar el proceso natural, y terminar por sabotear su propio proyecto.

Así como las debilidades mencionadas, existen muchas otras que posees y quizás no te des ni cuenta, ahora te toca hacer una lista de las situaciones donde pudiste estar bajo efectos de ella.

CAPITULO 3: CÓMO SER EXITOSO

Rodéate de gente exitosa o de mentalidad positiva

Una regla para toda persona en búsqueda de conseguir una mentalidad fuerte y consistente, que pueda dominar los momentos más difíciles para triunfar, es el de rodearse con gente exitosa, y también con mentalidad positiva, con las mismas ganas de crecimiento que el tuyo.

Esto no solo es por el simple hecho de verificar cómo es que piensan y viven las personas que ya consiguieron llegar donde deseas estar, sino que más bien, tiene una perspectiva adicional.

Lo que considero más importante que solo visualizar y escuchar el éxito de esta gente, es que podamos interactuar con ellos, y más que hablar de los éxitos que son visibles, palpables y conocidos, al ser la parte comercial de lo que la mayoría muestra de sus vidas para venderse como un triunfador y exitoso; vayamos al otro lado de su éxito, esto significa preguntarles por las caídas que tuvieron en su camino, y cómo es que se levantaron para continuar, aunque la atmósfera que los envolviera se pusiera en su contra. Este es el punto neurálgico a entender por parte de nosotros, para así concebir en nuestra mente lo difícil que puede ser convertirse en alguien exitoso, pero a su vez lo placentero que es serlo y disfrutar de las bondades de un éxito personal, consistente y sólido.

Cuando esta gente te describa sus caídas y dificultades para avanzar, te sentirás identificado con cada una de las palabras que describan aquellas situaciones, puede que te digan que parecía que el mundo estaba en su contra, caían una y otra vez, pero no consideraban esas caídas como un fracaso, sino que, las asumían como aprendizajes que les servían para no repetir los mismos errores.

Dentro de esta mentalidad positiva, que te permite persistir, sin importar la situación, también podemos mencionar lo importante que es saber que las probabilidades llegarán a estar a tu favor; de tanto seguir y luchar contra la corriente, llegará el punto donde todo sea tan claro y alentador, que lo conseguirás. Nada puede estar siempre en tu contra, eso tenlo escrito y enmarcado en un lugar que puedas ver todos los días.

No olvides que una mente fuerte, positiva, motivada y enfocada, es capaz de superar cualquier cosa que se presente, esto lo verás reflejado en esta gente exitosa, por ello la importancia de relacionarte con ellas.

Antes de culminar este tema, olvidaba mencionar que, solo aquellos que llevan tu misma mentalidad de crecimiento, son las que aportarán algo a tu vida, de nada sirve mantener un vínculo con personas que consideran tus sueños y metas imposibles, aquellas que se ríen pensando que eres iluso por proyectarte de una manera distinta. Ellos solo interferirán y podrían afectar directamente en tu parte emocional, de ser posible aléjate de ellas, tú has nacido para grandes cosas, y nada ni nadie puede impedirlo.

Nunca olvides el propósito de lo que haces

Debes de tener claro las respuestas a las preguntas: ¿qué es lo que harás?, ¿cómo lo harás? y ¿para qué lo harás? Este simple factor puede determinar tu triunfo o fracaso.

La forma más idónea para saber con precisión el propósito que tienes, es definirlo mediante tu visión y misión. Estas dos definiciones te proyectarán de manera adecuada para la consecución de tus resultados, por ello lo ves reflejado en empresas pequeñas, medianas y grandes con una proyección sólida, porque son el motor y motivo que los impulsa a seguir creciendo y escalando día a día.

¿Cómo definir una visión?

Para definir cuál es tu visión, tienes que proyectarte mentalmente en el futuro, esta visualización debe describir cómo es que te ves cuando consigas tu objetivo más grande, aquel que lograrás a largo plazo. Para plantearla tendrás que responderte las siguientes preguntas: ¿Cómo deseo verme?, ¿Cómo seré?, ¿Qué estaré haciendo?

Ejemplo: *"Ser un autor de renombre gracias al*

aporte brindado mediante los libros de auto ayuda publicados. Ser reconocido por la contribución a la sociedad. Dar conferencias motivacionales alrededor del mundo".

A tu visión también puedes asignarle un tiempo, por ejemplo, **verme en los próximos 5 años**, eso lo defines tú.

¿Cómo definir una misión?

La misión se basa en cómo nos presentamos en el presente para alcanzar nuestro futuro (visión), este le da motivo y forma a todo lo que hacemos, para desarrollarlo, debes de responder las siguientes preguntas: ¿Quién soy?, ¿Qué busco?, ¿Qué hago? ¿Por qué lo hago? ¿Cómo lo hago?

Ejemplo: *"Ser un autor que motiva a las personas que lo requieran, utilizando mis conocimientos para ayudarlas a alcanzar sus objetivos, brindándoles mediante libros de auto ayuda la información que necesitan conocer, para mejorar sus procesos de crecimiento personal".*

La persistencia

No importará si desde pequeño o joven demuestras ser el mejor en algún conocimiento o habilidad, desgraciadamente para muchos, el saber que son buenos en algo, los dopa para dejar de pensar que se puede mejorar y destacar.

No sé si les ha pasado lo mismo que he visto a lo largo de mi vida, estudiantes que manejaban con mucha facilidad materias impartidas en la universidad, en las que la mayoría sufría para aprobar. Desde ese momento visualizaba a los que destacaban, trabajando en proyectos de gran envergadura, y con empresas importantes. Mientras a los que les costaba aprobar, imaginaba no les iría tan bien, y con suerte encontrarían un trabajo lo sufrientemente rentable como para vivir tranquilos.

En la actualidad esas ideas creadas a raíz de mi percepción han sido destruidas, esto porque no todos los estudiantes que destacaban consiguieron un trabajo importante, es más, muchos de ellos a duras penas ganan el dinero suficiente para sobrevivir. En cambio, muchos de los que tuvieron muchas dificultades para aprender, han destacado, tanto trabajando en empresas importantes con puestos de mando, como emprendiendo o realizando asesorías. Te preguntarás:

¿Qué es lo que marcó la diferencia al largo plazo?

La respuesta es muy simple y obvia, la diferencia a largo plazo se vio reflejada en la constancia, perseverancia y enfoque en el objetivo final.

Si realmente deseas algo de mente y corazón, debes de estar dispuesto a darlo todo, sin importar cómo sea el camino. Ser persistente significa que te mantendrás constante a lo largo del tiempo, si quieres conseguir transcender tienes que persistir sin ninguna duda.

No todos los científicos ni pintores consiguieron su obra maestra al primer intento, el común denominador entre los dos, es el haber tenido que pasar por un proceso largo para ir perfeccionando sus técnicas y conocimientos, y de esta manera obtener el resultado que tanto anhelaban. Para hacerlo debieron estudiar y experimentar todos los caminos posibles, como todo en la vida, la experiencia nutre nuestros conocimientos mediante acontecimientos vividos, esto le permite a nuestro cerebro discernir las cosas que hicimos mal para no repetirlas.

¿De qué pueden servir todos los conocimientos ganados mediante nuestras experiencias, si cada vez que intentamos algo desistimos? Son muy comunes los denominados "falsos emprendedores", les denomino así a aquellos que creen que por haber constituido una empresa ya son emprendedores, pero a la primera dificultad se esconden y no vuelven a intentarlo.

La única manera de especializarnos en algo y conseguir ser los mejores, es seguir intentando, experimentando y aprendiendo. Créeme que así llegará el día que serás tan bueno en lo que haces, que además de realizarlo, también podrás ser consultor y así enseñar a los demás, obviamente cobrando la suma que consideres necesario por transmitir tus conocimientos.

Disfruta lo que haces

¿Eres feliz con lo que haces?

En el principio del libro mencionamos lo importante que es te visualices cuando consigas tus objetivos, y así obtener la motivación que necesitas para cumplirlos.

Para conseguir tus objetivos vas a tener que aventurarte a recorrer todo el camino, este te presentará distintas etapas y procesos a desarrollar, ¿cómo puedes realizar los procesos, si no te sientes identificado y motivado en él?

Todas aquellas personas que no disfrutan lo que hacen, están condenadas a ser infelices, asimismo, se les hará más complicado cumplir con sus objetivos al verlos tediosos. Si lo ves desde un punto de vista totalmente objetivo, eres consciente que muchas de las cosas que tienes que desarrollar abarcarán gran parte de tu día, sobre todo cuando estas creando los cimientos que soportarán el crecimiento a futuro.

Luego de ello, cuando todo comience a marchar según lo esperado, tendrás que comenzar a crecer y proyectarte a resultados mucho más grandes, imagina si en ese crecimiento dejas de disfrutar de lo que haces, es obvio que esto hará que pierdas el enfoque necesario para llegar al éxito.

Si deseas iniciar las actividades y estrategias necesarias para la obtención del objetivo que te planteaste, tendrás que disfrutar del proceso de creación y desarrollo, esto no solo porque te brindará mayor compromiso con lo que haces, sino que a lo largo del tiempo puedes llegar a aburrirte y poco a poco perder la atención que tenías inicialmente.

Algunos consejos para disfrutar lo que haces:

- Encuentra el lado positivo: Si le ves el lado positivo a las cosas que haces, a su vez esto te dará motivación, generando en ti un bienestar. Por ejemplo, un lado positivo puede ser adquirir nuevos conocimientos que te permitan crecer.

- Distribuye tus tiempos: El mundo del emprendimiento tiene a su lado muchas actividades por hacer, y conocimientos por adquirir. Si no distribuyes adecuadamente tus horas del día, estos podrían acumularse, generándote agotamiento, presión y por consecuencia stress.

- Visualiza tus avances: Los procesos pueden llevar mayor o menor tiempo dependiendo de la persona que los realice, lo que no cabe duda es que, se podrán visualizar mejoras, si es que eres constante con el desarrollo de los mismos. El ver avances permite a tu subconsciente adquirir una dosis de vitaminas que estimulan tu felicidad por los resultados del esfuerzo y trabajo realizado.

Practica hábitos positivos

Los hábitos son comportamientos que adquirimos debido a la repetición de una actividad. La forma en que actúes día a día determinará lo que ocurrirá en tu futuro, esto nos lleva a tener que volver nuestros hábitos positivos.

Nuestros hábitos son parte de las estrategias que debemos utilizar para conseguir nuestros objetivos. Entonces, de no contar con hábitos que vayan acorde a ellos, tendremos que crearlos. Como se mencionó, se forman a partir de la repetición. Todos tenemos hábitos positivos o negativos, de tener un hábito negativo, debes de desaparecerlo y remplazarlo con uno positivo.

Algunos de los hábitos positivos con los que pueden contar las personas son:

- Ser organizados.
- No despilfarrar el dinero.
- Establecer y cumplir objetivos diarios.
- Leer diariamente información valiosa, para crecer continuamente.

¿Cómo formar un hábito?
Los hábitos deben formarse individualmente para asimilarlos de forma efectiva.

A continuación, te menciono los pasos que considero debes tener en cuenta para crearlo:

1) Analiza e identifica qué hábitos positivos necesitas para el cumplimiento de tus objetivos.

2) Determina qué actividades te permitirán formar ese hábito.

3) Establece en qué situaciones o momentos debes practicarlo, de ser posible coloca una alarma con un recordatorio.

4) Realiza de forma constantes las actividades planificadas, aquí no hay lugar para las excusas.

5) Evalúa constantemente si estás o no cumpliendo con las actividades que necesitas para formar el hábito, de estar fallando por algún tema ajeno a tu plan inicial, restructúralo y vuelve a empezar.

6) Date un premio por cada semana (7 días consecutivos) que cumplas con realizar las actividades.

Si cumples con realizar los pasos mencionados, llegará un momento donde esa actividad este incorporada en tu forma natural de actuar (hábito); como despertarse temprano, por ejemplo.

Existen innumerables hábitos positivos que puedes incorporar a tu vida, ahora te toca determinar cuáles son.

__Rompe los paradigmas__

Los paradigmas nacen del pensamiento y comportamiento colectivo ante una determinada situación, esto significa que son formas de actuar previamente establecidas por la mayoría, siendo tomadas como la única forma de pensar y actuar.

El problema de heredar los paradigmas es que incapacita a las personas a poder reflexionar, evaluar, replantear y actuar de manera distinta, comportándose como un limitante con mucho poder.

Romper los paradigmas en un principio resulta complicado, al considerarlos como una verdad absoluta. Esta verdad es asimilada de tal forma, que tenerla como juez de nuestra vida nos permite desarrollarnos cómodamente, así no estemos de acuerdo con los resultados.

En los negocios y emprendimientos, el romper paradigmas para ver oportunidades, nos permiten escalar de forma más rápida para conseguir nuestro objetivo.

¿Cómo romper un paradigma?

La manera más efectiva de romper un paradigma, es creer en tus capacidades y encontrar una motivación grande que te de la necesidad de tomar una acción distinta a la de los demás.

Un paradigma muy mencionado por las personas que son pobres es "los millonarios nacen no se hacen". Este paradigma es una limitante para ellos, porque al considerar que para tener dinero debiste nacer en una familia acomodada, dan un rumbo directo que continúe con su pobreza. Por suerte los paradigmas pueden ser cuestionados, evaluados e eliminados si se tienen metas que nos motiven.

Existen muchas personas que aun habiendo nacido pobres, pudieron ver más allá de lo que la sociedad les impuso. Un ejemplo muy conocido es la presentadora estadounidense Oprah Winfrey, quien logra amasar una fortuna el día de hoy, habiendo nacido en una familia de condición humilde, hoy es multimillonaria.

Nunca dudes que mereces más de lo que tienes

Cuando vas abriendo los ojos para entender por qué existen personas que son exitosas y otras que no, te vas dando cuenta de que aquellas que tenían muchos potenciales no lo lograron, únicamente por no creerse merecedoras de ese éxito, lo que las llevó a no intentar alcanzarlo, conformándose únicamente con lo que generaban, sin hacerse una autocrítica de que es insuficiente para el nivel de conocimientos y capacidades con los que cuentan.

Como parte del amor propio que las personas tenemos, debe estar puesto en lo más alto el creer y saber que mereces todo lo que te planteas conseguir. Creer en esto te dará el empuje que necesitas para continuar. Al igual que hablamos de la motivación, y cómo proyectarte alcanzando todos los objetivos disfrutando de los beneficios, aquí lo que se busca es que te des cuenta que esos beneficios los mereces.

De nada servirá hacer proyecciones con beneficios si piensas que estos no son alcanzables porque no los mereces. Lo que aquí tienes que hacer es mentalizarte, tú eres merecedor de todo lo que te planteas y mucho más.

Consigue un mentor

El mentor es aquella persona que te puede brindar apoyo informativo y emocional antes y durante la realización de una actividad.

El beneficio de tener un mentor prima en sus conocimientos y experiencias vividas, es alguien con más sabiduría que la tuya, por tal, podrá darte información valiosa que te ayudará a equivocarte menos, y también a solucionar con mayor rapidez los problemas.

De no tener un mentor con el cual conversar directamente, también existe la posibilidad de leer libros escritos por personas con mucha sabiduría, que tocan los temas en los que estás interesado aprender.

Cuando cuentas con un mentor, tienes mayor oportunidad de conseguir tus objetivos en plazos menores a los normales, las razones por las que necesitas un mentor son porque tienen:

- Perspectiva más amplia.
- Mayores conocimientos.
- Experiencia adquirida con los años.
- Facilitan un planeamiento con resultados medibles.

Mejora continuamente

Si ya tienes claro cómo, cuándo y dónde debes de hacer tu trabajo, es momento de realizarlo, esto no significa que aquí termina todo, sino más bien te compromete a hacer una evaluación constante de los puntos en los que estas fallado, y los que, si bien son favorables, aún pueden serlo más.

La mejora continua nace como necesidad de las personas para explorar y explotar sus conocimientos y capacidades al máximo, siempre existirán maneras de mejorar.

Para establecer un proceso que te permita conseguir una mejora continua constante, debes de seguir los siguientes pasos:

1) Tener definidos los objetivos iniciales.
2) Establecer periodos de tiempo para la evaluación.
3) Comparar los objetivos iniciales con los resultados.
4) Determinar en qué puntos se está fallando, o en cuales se puede mejorar.
5) Buscar ideas y soluciones.
6) Plantear nuevas acciones.
7) Volver al paso 1

Siempre existirá la posibilidad de mejorar, por

ello este es un proceso constante que debe ser tomado con seriedad.

CAPÍTULO 4: EL DINERO

El origen de nuestra forma de ver el dinero

Para conseguir todos los beneficios que trae tener dinero, debemos tenerlo, sino de nada nos servirá saber lo que podemos hacer con él.

El hecho que no tengas dinero en este preciso momento, no significa que debas sufrir por su falta durante el resto de tu vida, pero lo que sí implica es un cambio de mentalidad y actitud. Por ello, a partir de este momento, tienes que mentalizarte de que estarás dispuesto a realizar todas las actividades necesarias para poder conseguirlo (obviamente estamos hablando desde un punto de vista lícito).

No todos tenemos la suerte de haber nacido en un hogar donde el dinero no fuera el problema principal. Esto, sin embargo, no tiene que ser una limitación para ti, siempre que quieras, puedes ser uno más dentro de las miles de personas que decidieron cambiar su vida

Para iniciar nuestro proceso de cambio, tenemos que comenzar por nuestra mentalidad. No soy seguidor de los cómics ni películas basadas en ellos, aunque debo de mencionar que encuentro una frase importante dentro de la película **El Hombre Araña**, al igual que lo que le dijeron a

Peter Parker (Protagonista): *"Un gran poder conlleva una gran responsabilidad"*. Menciono la frase de esa película, porque si eres consciente del poder que tiene tu mente, debes manejarlo de tal manera que sea favorable para ti, de nada servirá que sepas que todo depende de cómo pienses y actúes, si únicamente lo sabes, pero no lo usas para obtener un resultado positivo.

Todas las personas, desde niños, somos una esponja lista para absorber cualquier conocimiento. Asimilamos muy rápido todo lo que escuchamos, y con los años comenzamos a discernir cuáles conocimientos realmente deben permanecer como los conociste, y cuáles pueden ser mejorados o sustituidos. Obviamente esto se dará siempre y cuando tengamos la posibilidad de ir creciendo a lo largo de nuestra vida, y para ello vamos aprendiendo y mejorando.

De niño vas a ir adquiriendo la visión de tu familia respecto al dinero. Si en tu hogar surgían muchos apuros económicos que implicaban comentarios tan comunes como *"no me alcanza"*, *"necesito prestarme dinero para pagar las cuentas"*, *"este año no podré regalarte en navidad el juguete que tanto quieres"*, entre tantos otros comentarios, tu mente se llenará de ellos hasta el punto de llegar a normalizarlos, haciéndolo tan común en ti que podría significar repitas esos escenarios. No todos responden igual ante esas estimulaciones en la niñez, muchos otros lo toman como punto de partida para andar en otro camino que los lleve a un mejor destino.

Al igual que muchos comentan que un hijo de ladrón tiene muchas posibilidades de repetir lo de su padre, de igual forma un hijo de alguien pobre y humilde tiene mucho potencial de ser como su padre, y todo simplemente porque fue la forma de vida que aprendió desde niño, no caben en su mente todas las opciones que existen en el mundo para poder cambiar su condición.

Si no cuentas con una mentalidad decidida a cambiar tu futuro, las voces que han alimentado tu cabeza durante tu niñez volverán, y aunque desees cambiar tu destino, estos ejercerán su poder sobre ti, destruyendo cualquier intento de cambio. Por ello la importancia de visualizar y enfocarse.

Si has nacido en un ambiente donde no escaseaba el dinero, significa que cuentas con una ventaja, tu mente sabe que es posible alcanzar estándares de vida vistos en las personas exitosas. Eso sí, si bien cuentas con esa mentalidad programada desde tu niñez, debes aplicarla y no quedarte viendo cómo el tiempo pasa, ya que, al igual que un niño pobre puede ser rico en su adultez, un niño rico puede volverse pobre, esto debido a que se puede volver conformista, pues siente que lo tiene todo; no obstante, todos los tiempos y situaciones son distintos, una mala o buena decisión son capaces de cambiar cualquier escenario.

El patrón del dinero

Este patrón hace referencia a la forma en la cual actuamos cada vez que debemos tomar alguna decisión respecto a algo en lo que intervenga el dinero.

Se forma desde que somos niños, nutriéndose de las interacciones directas (padres, hermanos, familia) e indirectas (medios de comunicación, internet, etc.). Toda la información que va llenándose en nuestro disco duro (cerebro), es la que irá formando a la hora de que tomemos una postura en la manera que seremos, ya que, nuestros pensamientos los tomarán como referencia, por lo que las acciones que ejecutemos estarán ejecutadas según ellas.

En otras palabras, podríamos inferir que nuestro patrón del dinero nos ha sido programado desde la época de nuestra etapa formativa inicial.

¿Es posible cambiar el patrón del dinero que llevo arraigado en mí?

De ser negativo el patrón del dinero que tenemos, si es posible poder cambiarlo y mejorarlo. Ten en cuenta que a lo largo de nuestra vida adquirimos un sinfín de información, de las cuales nosotros discernimos las que realmente nos sirven de las que no. El problema del patrón del dinero, es que está tan interiorizado, que no nos damos cuenta de cómo actúa en nosotros, ya que, se dan a través de acciones instintivas.

Para cambiar tu patrón del dinero no solo bastará con ser una persona con conocimientos, compromiso y mente positiva, además tendrás que eliminar toda la información que alimenta ese patrón de forma negativa y que ha sido asimilada en tu subconsciente.

Sí, sé que te estarás preguntando:

¿Debo olvidar (desaprender) las cosas negativas que aprendí, e ingresar información que las reemplace?

La respuesta a ello es un rotundo SÍ.

Si tú desaprendes las cosas negativas que interiorizaste e hiciste tuyas, y las reemplazas por información que te permita tener un patrón del dinero favorable, esto te tendrá en un selecto grupo formado por la gente exitosa, en todas las escalas del éxito.

Algunos aspectos que pueden ayudarte a identificar si tu patrón del dinero es negativo:
- Comprar cosas innecesarias de forma compulsiva.

- No saber ahorrar para momentos de escasez, ni para invertir en tus propios proyectos.
- Considerar la inversión únicamente como un gasto, y no como una oportunidad de crecimiento mental, técnico y económico.
- Tomar decisiones económicas precipitadas.
- No administrar de forma correcta el dinero
- Pensar que el dinero trae problemas al tener mayores responsabilidades.
- Asumir que únicamente los estudios te dan la oportunidad de ser exitoso económicamente.

Así como estas formas de actuar y pensar traen un patrón del dinero negativa, existen muchísimos más que pueden ser parte de tu comportamiento natural, y en cierta manera son heredados de nuestras referencias en la niñez.

Ahora ya lo sabes, de tener un patrón del dinero negativo, tendrás que trabajar en cambiarlo, así estarás andando por el mismo camino que han ido todos aquellos que ya están gozando de su éxito.

Aprende a administrar tu dinero

Si estas enfocado en conseguir la vida que tanto has soñado, el concepto de administrar debe quedar claro en tu bagaje de conocimientos.

Administrar significa organizar de manera correcta la distribución de tu dinero. No debes pensar en lujos o comodidades extremas, sobre todo cuando estás comenzando. Es por eso que, para administrar tu dinero, debes tener en cuenta lo siguiente:

- **Identificar y calcular los gastos fijos**: Debes saber a cuánto equivalen los gastos fijos que pagas mes a mes, con esto tendrás más claro el panorama sobre cuánto dinero necesitas para cubrirlos.

- **Nunca gastes más de lo que ganas**: Si realizas esa acción, no existirá emprendimiento que lo soporte, ni banco que te quiera prestar.

- **Aprende a ahorrar**: Debes ahorrar un porcentaje del dinero que cobras mensualmente, por ejemplo, el porcentaje más recomendado es el 10%. Este ahorro debes hacerlo de forma habitual, antes de considerar cualquier compromiso económico.

- **Reinvierte tus ahorros**: Siempre que exista una oportunidad que te brinde una ganancia superior a lo que recibirías por poner tu dinero en el banco, debes considerar la opción que más te beneficie.

- **No prestes dinero a todo aquel que te lo pida**: Hay que se frío en este tema, es común un familiar o amigo te pueda pedir dinero, en este punto si tú eres un hombre de negocios, tienes que tener claro en tu mente que el dinero que sale de tus ahorros únicamente puede ser invertido en algo que te produzca más ganancia que el banco. En otras palabras, prestar dinero a una persona cercana no te generará mayores ganancias, y corres el riesgo de perderlo por completo.

- **No te endeudes comprando cosas que no te produzcan**: El mercado en el que vivimos actualmente, nos incentiva a adquirir créditos tanto dados en dinero, o mediante productos; el problema de ellos está relacionado a que lo único que hacen es darnos productos o dinero que nos costarán hasta el doble del valor original (muchas veces puede llegar a ser más), esto dependiendo de la tasa efectiva y el tiempo de pago. Es obvio que aquel que te presta tiene que ganar dinero por hacerlo, esta es el famoso valor de dinero en el tiempo.

Si tu idea es adquirir un crédito para comprar algo, este debe haber sido evaluado previamente. Por ejemplo, tú necesitas comprar un vehículo para la distribución de tu mercadería; has calculado que el precio original del vehículo es de $10000 y los intereses que adicionarás a 3 años equivaldrán a $4000, dando un total a pagar de $14000, sin embargo, la reducción de costos logísticos en tu emprendimiento, por hacer la distribución personalmente, asciende a $3500 anuales, significando un ahorro en 3 años de $10500, monto superior a los $4000 que pagarás de interés, además una vez termines de pagar el auto, este quedará como un activo y seguirá produciéndote ingresos. El caso mencionado es la adquisición inteligente de un crédito.

- **Asígnate un monto tope de gasto mensual:** Tener un monto tope de gasto mensual te ayudará a administrar tu dinero distribuyéndolo a lo largo del mes, esto te permitirá no despilfarrar el dinero, aquí tiene que estar incluido el que puedas usar para ocio. Recomiendo tener una tarjeta exclusiva con el monto que asignes, así no incurrirás en sacar más dinero del planificado.

- **Compra cosas que sean necesarias:** Una necesidad básica es comprar ropa, esto significa comprar la que necesites, no ir y comprar la más cara con marcas fuera de un precio razonable, o cantidades de ropa que no usarás. Al menos si te encuentras comenzando, esto no deberá considerarse por nada del mundo. Así debemos actuar con todo lo que adquiramos, una compra inteligente ante una necesidad real a cubrir.

El valor del tiempo vs el dinero

El dinero podrá obtenerse en un transcurso de tiempo, según la cantidad de trabajo y los resultados que obtengas de ellos. Hay formas donde uno puede exponenciar esos resultados mediante la tercerización de actividades, para cuando pasemos a dirigir. Esto aumentará nuestra cantidad de productividad, y como consecuencia el ingreso por la misma. Llegar a ese punto es lo que nosotros buscamos, producir más dinero de lo que el tiempo en condiciones normales permitiría.

Encontrar fuentes de ingresos pasivos es una gran forma de aumentar nuestros ingresos mes a mes con un mínimo esfuerzo, entre ellos podríamos mencionar la venta de productos digitales, los cuales significaron para su creación un trabajo arduo y duro, pero luego mediante una sistematización en su venta y distribución, nos permitirán seguir recibiendo ingresos. Por ejemplo, este libro digital que estás leyendo en estos momentos, me está significando una inversión de tiempo operativo, sin embargo, al momento que lo estás leyendo, únicamente voy actualizando las campañas de publicidad en Amazon ads, no tengo que volver a escribir el libro para vendértelo, Amazon se encarga de cobrar, y si compras la versión tapa blanda, también se encargará de la impresión y envío, únicamente tendré que ver mi estado de cuenta a fin de mes, para saber cuál fue la productividad final.

Al hablar de tercerizar, nos referimos a asignar a otras personas el total o parte del trabajo que harías normalmente. Volviendo al ejemplo de la venta de libros, si yo deseara, podría designar a un escritor fantasma (así se les llama a quienes escriben libros por otros cediendo los derechos), para que escriba el libro por mí, únicamente les daría la idea y los temas a tocar, además podría asignar la realización del formateo del libro a otra persona, como el diseño de la portada, edición, etc. Por último, podría contratar un asistente virtual para que se encargue de las publicaciones, publicidad y seguimiento de las campañas.

¿Por qué tercerizar todas esas funciones?

Es muy simple, si humanamente puedo escribir un libro al mes, con este tipo de sistema puedo crear todos los libros que desee, claro, siempre evaluando mis posibilidades de inversión.

Como estarás leyendo, el tiempo es un factor muy importante a la hora de querer comenzar a generar dinero, si buscas información de las personas con mayor fortuna en el mundo, podrás ver que todas tienen infinidad de empresas a su nombre; sin embargo, humanamente sería imposible que estos tuvieran que ver los procesos de todas, para ello se debe delegar responsabilidades a gente apta para hacerlo, esa es la única manera de seguirse volviendo más ricos.

El tiempo jamás vuelve, cada minuto que va pasando es único e irremplazable, aún el hombre no ha logrado crear una máquina del tiempo que le permita retornar a los momentos determinantes en la toma de decisiones de su vida. Por ello, debes comenzar a planificar cómo es que emplearás tu tiempo para la consecución de tus objetivos, en un principio no hay problema que inicies realizando todas o la mayor parte de tus proyectos, eso es importante para ir aprendiendo más sobre lo que haces, aunque ese modelo de negocio tendrás que proyectarte a que tendrá un límite de tiempo, esto porque tienes que ir viendo cómo ir multiplicando tu producción e ingresos. Es la única manera de conseguir ser millonario y crecer de manera prolongada, en el menor tiempo posible.

Nuestro tiempo de vida es limitada, por ello a más pronto puedas comenzar a generar ingresos importantes, será cuando también comenzarás a disfrutar de ellos.

Una vez que consigas dinero, atraerás más dinero

El cumplimiento del enunciado es inevitable, cuando llegues a automatizar ese sistema de generación de dinero, el mismo sistema comienza a crecer, pedir mayor inversión, y brindar mayores utilidades, ese es el circulo vicioso. Debemos automatizar un negocio a la vez, desarrollando todas las etapas necesarias hasta conseguirlo.

Para el cumplimiento de este enunciado, debes de practicar todos los conceptos desarrollados a lo largo del libro, entre ellos el de la reinversión, si tú no destinas la mayor parte de tus utilidades a invertirlas para el crecimiento continuo de tu empresa, podrías romper esta secuencia lógica de expansión económica. Limitando tus ganancias y expectativas a largo plazo.

En resumen, el dinero atrae más dinero cuando:

- Sabes cómo generarlo
- Reinviertes tus utilidades
- Manejas tus gastos eficientemente
- Automatizas y diversificas negocios
- Delegas responsabilidades
- Evalúas los costos de oportunidad

CAPÍTULO 5: RAZONES QUE IMPIDEN EL ÉXITO

Existen muchas razones que inducen un negocio a no conseguir sus metas rápidamente, o simplemente quebrar, entre los más notorios y comunes encontramos:

No tener definido un plan

El plan de negocio nos describe las actividades que debemos realizar (estrategias) para alcanzar nuestros objetivos, tomando en cuenta el giro del negocio en conjunto con el tipo de mercado.
Para su elaboración debemos tener definidos la visión, misión, objetivos, estrategias (comercial, logística-distribución, financiera, producción, etc.), estudio de mercado, inversión, riesgos, planes de contingencia, responsabilidades legales, entre otros.

El no tener planes de negocio pueden causar problemas desde el comienzo. Recuerdo cuando estuve trabajando el año 2008 en una agencia de logística integral (aduana-carga), una empresa nos encomendó el trabajo de realizar los trámites correspondientes para la nacionalización e ingreso de la mercadería a nuestro país, nosotros nos encargaríamos a partir de que llegara al puerto del Callao, el tema aquí estuvo cuando hicimos la revisión de los requisitos para importar estos productos, nos percatamos que eran restringidos, por lo cual necesitaban permisos por parte de una institución del

Estado.

Cuando uno hace una importación, tiene un almacén en el cual estará depositada su mercadería hasta que se pueda tramitar todo para retirarla, estos almacenes previamente tienen pactados los tiempos de estadía, en este caso estos productos tenían 2 semanas para ser retirados sin que esto implique gastos adicionales.

El problema estuvo en que esta empresa nos dio este trabajo faltando 3 días para que llegue el buque, nosotros hicimos la revisión de los requisitos e informamos al cliente sobre los documentos que necesitábamos, él inmediatamente lo tramitó, pero entre el tiempo de respuesta de la institución del Estado, las observaciones a levantar, los documentos adicionales que solicitaban a sus proveedores que se encontraban en China (respondían de un día para otro), y los tiempos administrativos de trámite, lograron conseguir los permisos un mes y medio después de la llegada de los productos, o sea, se lograron retirar con un mes posterior a la fecha límite del almacén, lo que significaba pagar 1 mes de almacenaje, el día de almacenaje por contenedor equivalía a $28.00 dólares americanos, al ser 3 contenedores de 40", significó un total de $2520 dólares americanos pagados por no haber planificado su importación.

Así como la historia mencionada, tuve muchos otros casos en aquella agencia de logística integral. Ahora, imagina que los productos hubieran sido prohibidos, en ese caso hubiera perdido el valor total de su mercadería, simplemente por no haber planificado los requisitos mediante un estudio previo.

Falta de conocimiento sobre el negocio

Es importante que, cuando emprendas un negocio, tengas el conocimiento adquirido a lo largo de tu vida laboral, de no tenerlo contar con asesores que te brinden la información que necesitas.

Los negocios tienen muchas similitudes en sus manejos, pero a su vez tienen aspectos únicos que los diferencian de los demás, y desconocer los puntos clave te pone en desventaja ante tu competencia, incluso te puede hacer cometer errores de índole legal.

Desconocer obligaciones legales

Cada negocio tiene distintos requisitos para funcionar, dentro de sus procesos también pueden existir estas obligaciones legales a cumplir, el trasgredir una ley puede llevar a tu empresa y a ti a muchos problemas.

Como ejemplo pondré el caso de una empresa que se dedicaba a la comercialización de metales preciosos. Esta, para poder comprar, debía considerar todos los requisitos necesarios como el estar empadronada en la institución del Estado que la supervisa, tener permiso de la zona donde opera, y tributar al Estado las tasas que le corresponden. Pero también debía verificar un conjunto de requisitos mínimos que debía cumplir el proveedor, tales como el permiso de explotación minero, el registro de pagos al personal, el empadronamiento a la institución correspondiente, registro de compra formal de insumos químicos fiscalizados, entre otros requisitos obligatorios; todo esto para verificar que la explotación y proveniencia de los metales preciosos era de origen lícito, ya que, de no hacerlo adecuadamente, se incurriría en delito al estar actuando como recepcionista de mineral precioso de origen ilegal.

Como puedes ver, siempre hay que estar atento, de ser posible asesorándonos de un especialista, sobre todo si no conocemos el negocio a fondo.

No seleccionar adecuadamente el personal de puestos claves

Cuando necesitamos incorporar a nuestro

personal de confianza, debemos basarnos únicamente en ver tanto su calidad humana como competencias del puesto a desarrollar, aquí una equivocación frecuente es el hacerlo con familiares o amigos que jamás han tenido experiencia ni capacitaciones en los puestos. Los emprendimientos que fracasan por este tipo de motivo, nacen a raíz que el emprendedor aún no se despega de lazo emocional para pasar al pensamiento racional, donde se tiene que priorizar el negocio sobre cualquier vínculo sentimental.

Otro problema que origina este inconveniente es el desconocer las funciones y procedimientos con los cuales debe contar el puesto, haciendo una selección inadecuada.

Distinta visión de los socios

Una forma de contar con mayor capital económico para emprender un negocio, se da asociándote con otras personas. Hasta aquí todo suena perfecto, pero, también deberías analizar y tener un esquema del perfil del socio que necesitas, pues las expectativas que este tenga deben de coincidir con las tuyas.

Los negocios fracasan porque los socios constantemente no llegan a acuerdos para la toma de decisiones que favorezcan a la empresa.

Asumir costos innecesarios

Deberías tener únicamente un presupuesto asignado que cubra los gastos necesarios para maximizar tus ganancias. Por ello debes hacer evaluaciones constantes, para saber si los procesos dentro de tu negocio están generando gastos que después no tienen retornos superiores. Por ejemplo, pueda que tengas un 10 personas para funciones que pueden realizar 7 y un análisis de los puestos, tiempos de ejecución y productividad mensual te ayudarán a determinarlo; otro ejemplo sería los tiempos de renovación tecnológica, estos solo deben ser realizados por necesidad de compatibilidad, o por aumento de productividad, lo digo porque puede que tengas como política cambiar las computadoras cada 2 años, cuando un cambio generacional de computadoras podría hacerse cada 4 o 5 años. Así puedes ir desglosando cada proceso, actividad y área.

El problema en muchos emprendimientos, está en el sobre cargo de costos fijos que se asumen, el cual a la larga va ahorcando económicamente al negocio, hasta el punto de quebrar.

Manejo irresponsable de préstamos bancarios

Un préstamo solo es necesario adquirirlo si nos brindará un retorno superior a corto, mediano o largo plazo (depende de la evaluación y situación); de no brindarnos una mejora de ingresos, entonces es un préstamo que únicamente recargará nuestros gastos fijos en la utilización de dinero improductivo. El problema radica en que, dependiendo de los montos, puede llegar a ser tan alto el endeudamiento, que la capacidad productiva de dinero no sea capaz de asumirlo, llevando a la empresa a la quiebra o a la falta de liquidez.

Entre las razones de endeudamiento que sí son aceptadas para un negocio podría ser el aumentar insumos o capital de trabajo, siempre que existan los sustentos necesarios para determinar que sí será productivo.

Branding (marca) imperceptible a clientes y potenciales clientes

La única manera de conseguir nuestros clientes nos recomiende (y que regresen) es brindando una experiencia única. De no conseguirlo, la próxima vez que él o alguien de su entorno tenga la necesidad de adquirir nuestro producto o servicio, no necesariamente pensará en nosotros.

Conseguir *Branding* es un punto importante a favor, porque aparte de dar recordación en la mente de los clientes, podemos crear tendencias y, por último, cobrar los precios que deseemos, ya que, no es tanto el valor que tienen los productos, sino más bien el valor que nuestros clientes perciben.

Existen infinidad de marcas, el caso más nombrado el de Apple, empresa de la cual muchos últimamente se quejan, aduciendo que en la gama de celulares (móviles) sacan tecnología previamente presentada por otras empresas; sin embargo, siempre su valor es superior al de los demás, al igual que el de reventa, pueden pasar 2 o 3 años y tener un costo significativo.

Si no consigues calar en la mente de los consumidores, tu negocio estará destinado a trabajar solo para sobrevivir o quebrar.

No reinvertir las ganancias

Aquel que retira el total de sus ganancias y las mete a su bolsillo, jamás crece. La afirmación es real, si buscamos crecer, tenemos la obligación de reinvertir buena parte del dinero ganado. Además, es una necesidad nata desde que tu empresa comienza a tener cierto éxito, pues el mismo negocio te pide aumentes tu inversión y, a mayor crecimiento, será mayor la inyección de capital que necesitarás.

Por supuesto que no se debe invertir únicamente

en el mismo negocio, parte del mismo también se puede diversificar con otros que tengan rentabilidad igual o superior. La idea es no parar de crecer, ya que esto te permitirá con el tiempo poseer una cartera de negocios sustentables y sostenibles.

Pensar qué productos o servicios se venden solos

Puedes poseer los mejores productos o servicios del mundo, con tecnología que nadie más tiene, haciéndolo único, el problema está en que de nada servirá si nadie lo conoce. El marketing es el eje principal de tu negocio; por eso, si no te enfocas en realizar las estrategias mínimas para que tu público objetivo conozca lo que ofreces, entonces tu negocio tiene destinado un fracaso total.

Seleccionar erróneamente el mercado para el producto o servicio

Cada país, es más, cada ciudad dentro de un mismo país, puede poseer distintas formas de percibir un servicio o producto; que funcione en un lugar no implica lo haga en otros.

Un ejemplo muy conocido en el Perú es la incursión de los helados Bresler en los años 90, una marca de helado disponible en muchos países del mundo y con un capital inmenso que lo respaldaba para competir con la marca tradicional D`Onofrio. Hubo distintos factores que hicieron que Bresler no triunfara dentro del mercado peruano, entre ellos los sobre costos de la logística y aranceles por no tener planta en Perú, pero más allá de ese factor, también fue importante que no llegó a satisfacer a sus clientes por el sabor al cual estaban acostumbrados: muchos indican (me incluyo), que a comparación de los helados D`Onofrio, Bresler tenía un sabor artificial.

Si buscas por internet, puedes encontrar diversas tiendas, productos o servicios que triunfan en países distintos al tuyo, siendo una potencial oportunidad, ahora te tocaría verificar mediante un estudio de mercado, si funciona en tu país tal cómo es, requiere adaptarse o simplemente no funciona.

Mala logística (para abastecerse y para distribuir)

La logística es un pilar dentro del esquema de negocio que realices, tienes que tener la capacidad de abastecerte y distribuir en los tiempos planificados y ofrecidos, una mala logística coordinada con tus proveedores puede impedirte cumplir con tus clientes, de igual manera al momento de distribuirles. Una logística mal llevada te garantiza no crecer y muy probablemente quebrar.

No replantear las estrategias de acuerdo a los cambios

Muchos emprendedores en algún momento consiguieron tener negocios rentables y escalables, y fueron creciendo a lo largo del tiempo, aumentando sus ingresos y calidad de vida.

No obstante, el hecho de que tengas un negocio próspero no significa que siempre lo sea bajo el mismo mecanismo de manejo; los tiempos cambian, las tendencias, gustos y tecnología, también.

Aquí pondré como ejemplo el negocio de mi tío, el cual durante muchos años le dio grandes utilidades, permitiéndole comprar cuantiosas propiedades. Tan bien le iba al negocio, que pensó funcionaría siempre bajo el mismo modelo. Así, fueron pasando los años y las tendencias de comprar por internet aumentaron, lo que significaba que montar una tienda con catálogo online era necesario, así como digitalizar y elaborar sistemas de manejos de stock automatizados. El problema fue que nunca escuchó las propuestas de actualización para su negocio, con los años esto lo ha llevado a disminuir la cantidad de tiendas que poseía, y contar con un volumen de ventas muy inferior al de sus mejores tiempos. Pasando de ser una tienda de renombre, líder en el mercado, a una tienda más que solo lucha por sobrevivir.

CAPÍTULO 6:
ESTRATEGIAS CLAVES PARA SER MILLONARIO

La automatización

Es de suma importancia llegar a automatizar las actividades que realizamos. Para hacerlo, debemos conocer a profundidad la forma en la que se ejecutan, cuánto demora, qué necesita, los pasos a seguir, las contingencias que puedan aparecer, y los beneficios que obtendremos.

Toda esta información es clave para crear un manual de procesos, estos a su vez deberán contar con indicadores de control periódico.

Al automatizar un proceso, podemos incorporar personas que trabajen para nosotros, obviamente esto nos generará un gasto, pero no debemos centrarnos en el pago a ellos como un gasto, sino más bien como una inversión, porque generaremos más dinero del que podríamos obtener si lo realizáramos únicamente nosotros.

A continuación, daré un ejemplo basándome en el negocio de auto publicación de libros en Amazon, el proceso de producción de un libro incluye:
- Evaluar la oferta y demanda de temas
- Seleccionar el tema
- Definir los puntos a desarrollar (Índice)
- Investigar
- Escribir

- Ser revisado por un editor
- Definir el título (esto puede ser previamente, aunque se puede hacer también al definir el tema).
- Diseñar portada para libro físico y virtual.
- Elaborar la publicidad y costos que se asumirán.
- Seguimiento a las campañas de publicidad.
- Evaluación de campañas
- Mejora continua

Si ya tienes claro cómo, cuándo y dónde debes mover tu trabajo, es momento de aplicar lo que hemos aprendido en la sección del *valor del tiempo vs el dinero*, como se menciona allí, el tiempo es limitado, por ello si automatizamos los procesos, podremos reducirlo al momento de lanzarnos a ejecutar las actividades que corresponden.

Volviendo al ejemplo de la automatización, podemos aumentar la productividad si nos encargamos de llevar a cabo las funciones más neurálgicas, por ejemplo, el definir temas con demanda, luego escoger específicamente el tema y elaborar el índice, podrían ser cosas a realizar personalmente, pues llevan el corazón del proyecto; pero podríamos delegar el investigar, escribir, edición, elaboración de la portada, realización de campañas de marketing, a personas especializadas en los temas. Consideremos que nosotros siempre debemos hacer una verificación de que los trabajos delegados cumplan con los estándares de calidad que deseamos.

De esta manera podemos aumentar nuestra productividad, ya que, mientras las personas encargadas van desarrollando su trabajo encomendado, nosotros podemos ir aumentando la cantidad de libros a desarrollar, sin quitarle la calidad.

Entre las ventajas de automatizar encontramos:

- Reducción de tiempo en procesos.
- Aumentar tiempo disponible para implementación de nuevos proyectos (nuevas oportunidades).
- Dejar de operar actividades que no necesitan nuestra presencia física para comenzar a dirigir, evaluar y mejorar.
- Aumentar las ventas.
- Aumentar los ingresos de dinero.
- Crear una cadena de valor estandarizado.

Entre las ventajas por delegar a terceros encontraremos:
- **Aumentará la especialización de las personas designadas en temas**

específicos: Al tener que realizar el mismo trabajo siempre, las personas encargadas podrán asistir a cursos para aumentar sus conocimientos del mismo, además durante el desarrollo de sus labores, podrán ir identificando mediante evaluaciones periódicas, las forma en que las actividades pueden ir mejorándose.

- **Disminuirán los tiempos de desarrollo de actividades:** Gracias a la especialización, se tendrá como consecuencia una mejora continua de los procesos, esta mejora se verá reflejada tanto en el mejoramiento de los resultados, así como en la disminución de los tiempos de realización.

- **Disminución de carga de trabajo:** El no tener que realizar todos los procesos personalmente, nos permite disminuir la carga laboral normal, dándonos esto mayor disponibilidad de tiempo.

- **Mejora tu perspectiva general sobre los procesos desarrollados:** Cuando supervisas los procesos productivos, puedes obtener un panorama más amplio de las fallas y aciertos que se tengan. Es este panorama el que puede darnos una visión más clara sobre el plan de trabajo, estrategias, desarrollo y cumplimiento de los objetivos.

- **Tendrás más tiempo para ver otras oportunidades:** La disminución de tu carga laboral, te permite tener mayor disponibilidad para evaluar otras oportunidades, que puedan presentarse una vez tengas automatizado y delegado un proyecto rentable en marcha.

Construcción de diversas fuentes de ingreso

Los tiempos son cambiantes, lo que hoy funciona no necesariamente seguirá haciéndolo en un futuro. Es por eso que es importante que tengas más fuentes de ingresos, para de esta manera asegurar que el flujo de dinero a tus arcas sea constante a lo largo del tiempo, y no te veas inmerso en la tan temida crisis.

Cada fuente de ingreso tiene que ser creada de forma independiente, dándole el tiempo que necesite para su desarrollo y madurez, siendo el paso final el automatizarlo.

Si analizas a los millonarios que aparecen a lo largo del planeta, todos tienen en común el manejo de diversas empresas de alcance económico descomunal, sus inversiones además están realizadas en diferentes rubros económicos, los beneficios que se obtienen de ello son los siguientes:

- **Aumentan sus ingresos:** El construir diversas fuentes de ingreso, además de permitirte tener un flujo de dinero asegurado a tu bolsillo, te permitirá aumentar tus ingresos a lo largo del tiempo, a más negocios automatices, serán mayores tus beneficios.

- **Seguridad económica:** Al tener diferentes fuentes de ingreso, te aseguras también de tener una estabilidad económica que te permita asumir los compromisos personales y empresariales.

- **Disminuyen los riesgos:** Los negocios pueden pasar por diferentes crisis, debido a situaciones económicas o políticas en el país donde operas, también por tendencias en los consumidores y mercados. Tener más de un negocio te da la estabilidad económica, por si uno deja de darte ganancias, los otros te darán el soporte para seguir percibiendo ingresos, de tal manera que puedas tomar las consideraciones necesarias para replantear ese negocio, suspenderlo temporalmente, definitivamente o venderlo.

- **Menor presión económica para adaptarse a entornos cambiantes:** Si solo percibes ingresos de una sola fuente, puede ocurrir que requieras dinero para restructurar el negocio. El solo hecho de estar en esa situación genera presión sobre ti, no solo porque puede que no cuentes con los medios económicos para asumir estos cambios, sino también, que por el momento económico en el que te encuentres, no seas sujeto a crédito por las entidades financieras. Tener soportes externos te da la facilidad de sobrellevar esos momentos, con cabeza fría y el respaldo económico.

Conocimiento del mercado

Los buenos negociantes antes de hacer una inversión, realizan un estudio para saber si es rentable el producto o servicio que pretenden vender en el mercado potencial al cual quieren incorporarse. Este estudio les permite tener mayor posibilidad de éxito, ya que, se determinará si es viable, necesita restructurarse, o no es viable.

Todos los mercados son distintos, tiene que tomarse cada particularidad para debatirse y evaluarse. No es lo mismo vender autos de lujo en un país de primer mundo, que en uno de Latinoamérica; obviamente el volumen de gente rica en los países de primer mundo es superior, por tal la demanda también. Con esto no quiero decir que no se pueden vender esos autos en países Latinoamericanos, pero la rentabilidad y estrategia a utilizar son distintas.

¿Cómo determinar si el negocio es rentable?

A continuación, te doy los pasos básicos para identificar si el mercado puede ser o no rentable:

Paso 1: Obtén información de la cantidad de demanda existente o que puedes crear:

No importa si el producto es nuevo o recién ingresará al mercado, tendrás que saber la demanda a la cual puedes aspirar captar, tu crecimiento es tan grande como el volumen de demanda que puedes obtener. Para saber cuál es la demanda, tendrás que tener bien definida las características de tu nicho y segmento de mercado, estos tendrán un público objetivo con características similares, recuerda que no solo puedes proyectarte a vender a personas, también podrías hacerlo a empresas, dependerá del producto o servicio y la conceptualización que le des.

Paso 2: Identificar las tendencias del mercado:

Dependiendo del producto o servicio, debes saber si es momento de incorporarte al mercado con él. Por ejemplo, es diferente querer vender camisetas de selecciones clasificadas a un mundial de fútbol antes de que comience el evento, a ofrecer las camisetas después del mundial, el volumen y velocidad de venta serán mucho menores si entras tarde a la fiesta.

Paso 3: Conoce la competencia:

El saber que existen ofertas iguales o similares a los productos o servicios que deseas ofrecer te da una vista de la demanda que existe, puedes evaluarlas y ver que tan bien les va a esas empresas. La competencia te dará información relevante para que puedas entrar, es más, pueden ayudarte a crecer de forma acelerada, esto se logra haciendo un análisis exhaustivo, para incorporar las estrategias que les están dando buenos resultados, y también fortalecer los puntos donde ellos no lo hacen.

De no existir ofertas tendrás que determinar las razones, puede que el negocio no funcione en ese mercado, o que sea novedoso.

Cómo analizar la demanda y competencia online

En estos tiempos las ventas online se han vuelto una necesidad, existen muchos negocios que no tienen tiendas físicas, es más, que ni siquiera compran los productos hasta que la compra está garantizada, y solo hacen el pase de dinero quedándose con la utilidad, existen muchos tipos de negocios relacionados al *e-commerce*, ahora te preguntarás:

¿Cómo identifico la demanda que tiene un negocio por internet?

Esto es muy simple, todos sabemos que el buscador más grande es Google, dentro de su plataforma posee datos estadísticos que te harán saber lo que la gente busca. Por ejemplo, te pueden decir la cantidad de personas que buscan *"reloj Casio modelo xxx color negro"*, o simplemente *"reloj Casio modelo xxx"*, a esas formas de búsqueda que todos hacemos se les llama palabras claves, estas se encuentran dentro de la herramienta Google Keyword Planner (planificador de palabras claves de Google), que su vez está dentro de la plataforma de Google Adwords, la cual sirve para hacer publicidad por Google.

Para hacer un análisis de tu competencia y qué palabras utiliza para vender, podrías usar la herramienta SEMRush, esta te permitirá saber que palabras posicionan, cuáles son los competidores que las utilizan y qué páginas web redirigen a la competencia (backlinks). Así como esta, existen muchas herramientas que te ayudarán a analizar la demanda y competencia.

Creación de ingresos pasivos

La creación de ingresos pasivos es fundamental para tu crecimiento económico. A diferencia del ingreso activo, donde estamos condicionados a estar presentes y dedicar gran parte de nuestras horas diarias, el ingreso pasivo te da la oportunidad de generar dinero, sin tener que estar presentes, ni consumir tus horas.

Si nosotros contamos con dinero depositado en una cuenta bancaria, la cual te brinda intereses, esos intereses se consideran ingresos pasivos, porque para producirlos solo tuviste que ir a aperturar tu cuenta, luego de ello, solo te toca revisar tu estado de cuenta periódicamente para ver cómo va aumentando el valor de tu dinero.

Existen otras formas de ingresos pasivos, además del dinero depositado en una cuenta bancaria. A continuación, se mencionarán algunos de los tantos que existen:

- Regalías de libros
- Automatizar un negocio, para luego delegarlo a personas competentes.
- Vender patentes y franquicias.
- Alquiler de una propiedad
- Venta de cursos digitales

- Inversión en acciones: Si dejas actuar tu inversión por temporadas, sin hacer un seguimiento diario. (ojo: Este tipo de inversión requiere de un previo conocimiento y manejo adecuado).
- Intereses producidos por préstamos a terceros.

Existen muchas formas de ingresos pasivos, estas siempre deben cumplir con el requisito de generar ingresos sin que esté involucrado tu tiempo y esfuerzo para ello.

Habiendo llegado a este punto, te habrás dado cuenta que, para poder tener ingresos pasivos, previamente tuviste que tener dinero, propiedades, o recursos digitales, por ello la siguiente pregunta cae de madura:

¿Cómo puedo conseguir lo que necesito para generar ingresos pasivos?

Existen tres maneras crear ingresos pasivos:

- Ahorros generados con ingresos activos: Con la generación de dinero por tu esfuerzo y consumo de tiempo, tienes la posibilidad de proyectarte al ahorro que necesitas para realizar tu inversión.

- Financiación del banco: Aquí debe primar una evaluación previa y exhaustiva sobre los beneficios que obtendremos de estos préstamos.

Por ejemplo, si tu idea es adquirir una casa para alquilarla, deberás evaluar cómo esos ingresos te ayudarán a pagar la deuda, en cuánto tiempo la pagarás por completo, y en cuánto tiempo recuperarás la inversión, para comenzar a generar ingresos pasivos. De igual manera, si tu idea es adquirir acciones en la bolsa de valores, deberás evaluar cuál es la proyección de utilidades y en qué plazo, para determinar si es superior al pago de intereses.

Sea el ejemplo que pienses, el concepto que se mantiene constante a corto, mediano o largo plazo (dependiendo del negocio), es el obtener un beneficio superior a los intereses que pagarás por ese préstamo.

- Creación de productos digitales: Aquí tienes dos opciones, pagar a otros para que lo hagan por ti, o hacerlo tú mismo. Por ejemplo, puedes crear un curso o un libro digital, este mecanismo considero es el más rápido y económico para comenzar a generar ingresos pasivos, ya que, de no tener el capital, tú mismo podrías hacerlo, eso sí, a la hora de tener que hacer publicidad, necesitarás invertir un poco de dinero, pero es mínimo, y puede ir escalándose de acuerdo a tus posibilidades.

La diferenciación y valor agregado (añadido) de un negocio

Para cualquier emprendimiento que deseemos iniciar, necesitaremos ser únicos, no me refiero que necesariamente tengas que crear un producto o servicio totalmente nuevo, más bien me voy a la capacidad de mejorar la experiencia.

Muchos pueden vender camisas de la marca Calvin Klein, tanto para hombres o mujeres, de forma intrínseca al comprar este producto, sabemos que dan al comprador estatus y calidad, diferentes tiendas pueden vender esa camisa. Pero, si tú no te diferencias y además no das un valor agregado a tus clientes, serás uno más del montón. Dar valor agregado y diferenciarte del resto ayuda a generar el branding de tu tienda (posicionar tu marca en la mente de los compradores).

El cliente siempre esperará dentro de su compra que le entregues un producto de calidad con garantía, en diferenciación podrías ser una tienda eco-amigable, mediante bolsas y merchandising que lo demuestren, además, realizar entregas delivery en un plazo máximo de 3 horas desde la compra online, esto te diferenciará de los demás.

El valor agregado va más allá, da al cliente algo que no esperaba y está fuera de lo que compró; por ejemplo, puedes brindarle una asesoría relacionada a la colorimetría en la selección de combinaciones de su ropa, dándole un vale para canjearlo en una institución especializada.

¿Cómo manejar tus gastos antes de pagar impuestos?

Has llegado a este punto del libro, donde aprenderás que, además de conseguir tener un emprendimiento rentable, también entra a tallar cómo manejarás los gastos para reducir tu pago de impuestos, creando más valor para tu empresa, y a su vez brindándote algunos beneficios personales a menor costo.

Este tema lo he centrado en dos ejes importantes, desde el cual tendrás que planificar el manejo de tus utilidades. A continuación, encontrarás la descripción del manejo en ambos:

1) Vuelve parte de tus gastos personales en gastos de tu empresa

Las personas que se mueven en el mundo contable, o que alguna vez han tenido la oportunidad de manejar una empresa, deben de entender mejor este concepto. Si no lo entiendes, no te preocupes, ahora te enseñaré por qué es importante tenerlo dentro de tu estrategia para volverte millonario.

Todas las empresas formales tienen la obligación de pagar tributos en el país donde operan, esto las lleva a tener que hacer una declaración anual, donde se detallarán cuáles han sido los ingresos y gastos. Dependiendo de la diferencia de ambos, se determinará el monto que funcionará como base imponible para pagar los impuestos correspondientes, no puedo generalizar el porcentaje, porque las políticas fiscales de cada país son determinadas por sus entidades responsables, aunque estos los regirán según el tipo de empresa y cantidad de ingreso. Para hacer más práctica la explicación, asumiremos que el "País A" tiene una tasa anual de impuestos del 30% sobre las utilidades brutas.

Si deseas que tu emprendimiento crezca, y a su vez favorecerte al máximo, una buena forma de reducir estos impuestos fiscales y disfrutar de los beneficios, es hacer pasar como gastos una parte de tus utilidades. Asumiendo que el impuesto anual es del 30% sobre las utilidades brutas, y que tus utilidades brutas equivalen a $ 100 000, se infiere que el impuesto anual a pagar equivaldrá a $30 000. Si tú te das cuenta, si bien es importante el aporte de tus impuestos para que tu país pueda invertirlo en el beneficio de todos sus ciudadanos, tú estás dando gran parte de tus utilidades a él, algo que los grandes millonarios evitan al máximo.

Al asumir algunos gastos personales como gastos de la empresa, estamos buscando disminuir ese impuesto a pagar, digamos que ese año, al saber las utilidades que tendrás, decides comprar una camioneta valorizada en $35 000, obviamente a nombre de tu empresa, reduciendo tus utilidades brutas a $65 000 y el impuesto a $19 500, quedándote $45000 como utilidad neta.

	Utilidad anual bruta	Impuesto (30%)	Utilidad anual neta
Sin camioneta	$100000	$30000	$70000
Con camioneta	$65000	$19500	$45500
Impuesto reducido		$10500	

En el cuadro apreciamos que el impuesto se redujo en $10500, pero a su vez, anteriormente teníamos que nuestra utilidad neta era $70000 y ahora es $45500, si lo vez de esa manera puedes pensar que, si bien redujiste tu impuesto, también tu utilidad neta. Antes de darte la explicación sobre cómo es que te beneficiaste, tienes que saber que, así como compraste una camioneta y lo convertiste en un activo de tu empresa, puedes tener otros tipos de gastos que te ayuden a disminuir la base imponible para el cálculo de tu impuesto. Ahora bien, después de la compra de la camioneta, la utilidad neta anual es de $45500, a esta utilidad debes sumarle el valor del activo adquirido que es de $35000, esto da en total $80500, justamente esa suma es la que da si adicionas a la utilidad neta antes de comprar la camioneta ($70000) el monto que redujiste por comprarla ($10500).

En otras palabras, si tú comprabas la camioneta después de recibir tu utilidad neta de $70000 dólares, te hubiera costado $35000, pero por hacer la compra antes de pagar impuestos, te has ahorrado $10500 y te ha costado en realidad $24500.

2) Reinvierte para aumentar tu capacidad generadora de dinero

Partiendo del concepto mencionado en el punto anterior, el dinero que nuestra empresa genera, siempre será beneficioso utilizarlo antes de calcular nuestra utilidad bruta, para así utilizarlo en lo que queramos, el monto disminuido en nuestros impuestos.

Los peores errores que cometen muchos emprendedores, consisten en dos cosas, lo primero *no disminuir al máximo las utilidades brutas,* y lo segundo el *no reinvertir gran parte de las ganancias en la generación de mayor capacidad creadora de dinero.*

Cuando uno consigue producir dinero, lo primero que debe tener en la cabeza es definir cómo ese dinero puede crear más dinero, obviamente la única manera de hacerlo es reinvirtiéndolo, disminuyendo los impuestos como consecuencia, y aumentando las utilidades en el plazo de tiempo determinado.

Si tu negocio es fabricar zapatos, puedes reinvertir ese dinero comprando más maquinaria, aumentando el gasto de publicidad, aumentando el tamaño del local donde se elaboran, mejorando el sistema logístico mediante la adquisición de vehículos, aumentando personal, entre tantas otras formas.

Todas las medidas mencionadas, te permitirán ampliar tu capacidad de venta, producción y distribución, y se verán reflejadas en el aumento de tus utilidades y, a la vez, tendrás que aumentar tus gastos e inversiones. Este es un círculo repetitivo que debes aprender a manejar, con el tiempo puede llegar a ser una corporación que incluya diversas empresas. Esta es la razón por la cual los ricos que tienen un sistema bien definido se seguirán haciendo cada vez más ricos. El mismo modelo de negocio te obligará a seguir generando mayor riqueza *"Bienvenido al mundo de los millonarios"*.

¿Qué hacer cuando consiga la libertad financiera?

La libertad financiera se da cuando una persona, así no trabaje directamente, recibe un ingreso mensual. Esto significa que no depende económicamente de invertir su tiempo o involucrar su esfuerzo para cubrir todas sus necesidades.

Aquí el tema es qué hacer cuando se consigue llegar a esa situación. Pues es opcional; quizás desees pasar más tiempo con tu familia, viajar alrededor del mundo, o cumplir todos tus sueños y caprichos.

Si bien podemos hacer los que nos venga a la mente, tomando como referencia a la mayoría de personas exitosas en el mundo empresarial, tales como Bill Gates, Donald Trump, Cornald Hilton, Mark Zuckerberg, entre muchos otros. Estos disfrutan moverse en el mundo de los negocios, es un tema que les apasiona, ya no trabajan por necesidad de dinero, lo hacen por la necesidad de trascender. Algo que, puedo decirte totalmente convencido, es que cuando veas en tus manos y visualices en tu horizonte todo lo que puedes lograr, no querrás parar.

Adicionalmente, siempre es importante estar a la

vanguardia, el mundo siempre estará en un constante movimiento, *¡Nunca te duermas en tus laureles!*

Breve Reflexión

Para llevar al éxito cada cosa que realices en tu vida, se requerirá de una mentalidad fuerte con un enfoque definido, adicionándole conocimientos y estrategias comprobadas. De nada servirá leas este y otros libros que te brinden información, si tú no aplicas responsablemente las cosas que te son útiles para crecer como persona y emprendedor.

Suena difícil para muchos creer que es posible ser millonario, sobre todo cuando se parte de nada o muy poco, pero créeme, está en ti conseguirlo.

www.ingramcontent.com/pod-product-compliance
Lightning Source LLC
Chambersburg PA
CBHW070239220526
45465CB00004B/1454